Dias melhores... pra sempre!

Edição
Canal do Livro – Birô de Criação Literária

Projeto
Thais Helena dos Santos
midiamix.com.br

Dias Melhores... pra Sempre!

Organização

Cyro Leão
Jadyr Pavão Júnior
Luiz Chinan

Canal do Livro

Ateliê Editorial

Dados Internacionais de Catalogação na Publicação (CIP)
(Câmara Brasileira do Livro, SP, Brasil)

Dias Melhores... pra sempre! / organização Cyro Leão, Jadyr Pavão Júnior, Luz Chinan. – Cotia, SP: Ateliê Editorial, 2005.

Apoio: Canal do Livro.
Bibliografia.
ISBN 85-7480-314-6

1. Pessoa, Fernando, 1888-1935 2. Poesia portuguesa I. Leão, Cyro. II. Pavão Júnior, Jadyr. III. Chinan, Luiz.

05-8988 CDD 869.1

Índices para catálogo sistemático:
1. Poesia: Literatura portuguesa 869.1

CANAL DO LIVRO
Rua Capote Valente, 973 – casa 10
05409-002 – São Paulo – SP – Brasil
www.canaldolivro.com.br
Telefax: (11) 3088-0990

ATELIÊ EDITORIAL
Estrada da Aldeia de Carapicuíba, 897
06709-300 – Cotia – SP – Brasil
www.atelie.com.br
atelie_editorial@uol.com.br
Telefax: (11) 4612-9666

Printed in Brazil 2006
Foi feito depósito legal

Sumário

Dias Melhores... pra Sempre!

1

Quantas vezes acho que sou o único atormentado no mundo?

Nunca conheci quem tivesse levado porrada.
Todos os meus conhecidos
têm sido campeões em tudo.
E eu, tantas vezes reles,
tantas vezes porco, tantas vezes vil...

Nunca conheci quem tivesse levado porrada.
único

2

Olho em volta e não me reconheço em ninguém

Toda a gente que eu conheço e que fala comigo
Nunca teve um ato ridículo, nunca sofreu enxovalho,
Nunca foi senão príncipe —
todos eles príncipes — na vida...

Toda a
migo
Nunca te
teu enxovalho,
Nunca foi se
todos eles príncipes – na vida...

3

Às vezes dá uma vontade louca de jogar tudo para o alto

Arre, estou farto de semideuses!
Onde é que há gente no mundo?

vontade

4

Hoje vou procurar alguém que me entenda

Põe-me as mãos nos ombros...
Beija-me na fronte...
Minha vida é escombros...

Põe-me as maos nos ombros...
procurar

5 Quero olhar para dentro de mim e ver quem sou

Peguei no meu coração
E pu-lo na minha mão.
Olhei-o como quem olha
Grãos de areia ou uma folha.

quem sou

6

Parece que em mim existe alguém que eu não quero enxergar

Quem te disse ao ouvido esse segredo
Que raras deusas têm escutado —
Que é verdadeiro só se é segredado?...
Quem te disse tão cedo?

Quem te disse ao ouvido esse segredo
Que raras deusas têm escutado —
Que é verdadeiro só se
Quem te
enxergar

7

Tem dias que só quero fugir da realidade

Dorme, dorme, dorme...
Que o sonho é encantamento
E eu sonho sem sentir.

Dorme, dorme, dorm
Que o sonho
E eu sonho sem
encantamento

8 Tenho que aprender: vitória e derrota fazem parte do jogo

E a única vida que temos
É essa que é dividida
Entre a verdadeira e a errada

A única saída que temos
É essa que é dividida
Entre a verdadeira e a errada

9 Levar a vida numa boa é saber se entregar

Revivo, existo, conheço,
E, ainda que seja ilusão...
Nada mais quero nem peço.
Entrego-lhe o coração.

Revivo, existo, conheço,
E, ainda que seja ilusão
Entrego-lhe

10

Quando se ama, a gente sonha até acordado

Dorme enquanto eu velo...
Quero-te para sonho,
Vaga em teu sorrir...
Sonho-te tão atento...

Dorme
Quer
Vaga em teu so
Sonho-te tão atento
acordado

Hoje vou procurar a paz na inocência de um olhar de criança

Grande é a poesia,
a bondade e as danças...
Mas o melhor do mundo
são as crianças.

Grande é a poesia, a bondade e as danças...
Mas o melhor do mundo são as crianças,
inocência

12

Liberdade é sentir que sou parte da Natureza

Eu não tenho filosofia; tenho sentidos...
Se falo na Natureza, não é porque
saiba o que ela é,
Mas porque a amo, e amo-a por isso...

13

Prefiro amar de verdade a ter certeza de tudo

Porque quem ama
nunca sabe o que ama
Nem sabe por que ama,
nem o que é amar...

Porque ama
nunca que ama

14

Quero amar hoje, sem lembrar que o amanhã existe

Amar é a eterna inocência,
E a única inocência é não pensar...

Amar é a eterna inocência,
E a única ine ... sar...
liberdade

Não vou mais reclamar do tempo: vou aproveitá-lo

Não desejei senão estar ao sol ou à chuva –
Ao sol quando havia sol
E à chuva quando estava chovendo

Não ... não estar ... à chuva
... havia sol
... chovendo

16

Quero aprender com aqueles que sabem ver a beleza em tudo

A mim ensinou-me tudo.
Ensinou-me a olhar para as coisas.
Aponta-me todas as coisas
que há nas flores.

17

Vou descobrir a alegria nas coisas mais simples

Mostra-me como as pedras são engraçadas
Quando a gente as tem na mão
E olha devagar para elas.

18

Claro que quero
ouvir um sim.
Mas também
vou aprender
a ouvir um não.

Uma vez amei, julguei que me amariam,
Mas não fui amado.
Não fui amado pela única grande razão –
Porque não tinha que ser.

19

Nem tudo na vida é como eu imagino: ainda bem!

A realidade
Sempre é mais ou menos
Do que nós queremos.

realidade

Estou pronto para aceitar o mistério de estar vivo

Vê de longe a vida.
Nunca a interrogues.
Ela nada pode...

21

Chega de viver
sonhando.
Vou construir
a minha realidade

Ah, quanto do meu passado
Foi só a vida mentida
De um futuro imaginado!

22

Por mais que eu tenha, nunca terei tudo que quero

O que me dói não é
O que há no coração
Mas essas coisas lindas
Que nunca existirão...

O que me doi não é
ha no coração
lindas

23

Aprender a chorar também é aprender a crescer

Cruzo os braços sobre a mesa,
ponho a cabeça sobre os braços,
É preciso querer chorar, mas não sei
buscar as lágrimas...
Por mais que me esforce por ter
uma grande pena de mim, não choro...

mas nao sei
lagrimas...

24

Vou dar bons conselhos às pessoas, mesmo que não me ouçam

Teus olhos entristecem.
Nem ouves o que digo.
Dormem, sonham esquecem...
Não me ouves, e prossigo.

25

Mais dia, menos dia, quem eu gosto vai gostar de mim

Olhas-me de repente
De um distante impreciso
Com um olhar ausente.
Começas um sorriso.

Olhas-me de repente
De um distante
Com um olhar ausente
Começas um sorriso.

26

As boas coisas da vida vou guardar para sempre

Trago dentro do meu coração,
Como num cofre que
se não pode fechar de cheio,
Todos os lugares onde estive...

27

Mesmo que ninguém acredite em mim, eu acredito

Não sou nada.
Nunca serei nada.
Não posso querer ser nada.
À parte isso, tenho em mim
todos os sonhos do mundo.

28

Nunca mais vou ter vergonha de dizer: "Eu te amo"

Mas, afinal,
Só as criaturas que nunca escreveram
Cartas de amor
É que são
Ridículas.

Mas, afinal,
Só as criaturas
É que
te amo

29

Sou feliz porque tenho um lugar para onde voltar

Consolei-me voltando ao sol e à chuva,
E sentando-me outra vez à porta de casa.

casa
e voltando ao sol e a chuva,
outra vez a porta de casa.
voltar

30

Sou livre para ser tudo que quiser

Que sei eu do que serei,
eu que não sei o que sou?
Ser o que penso?
Mas penso ser tanta coisa!

31

Quero chegar
um dia e dizer:
eu soube viver

Valeu a pena?
Tudo vale a pena
Se a alma não é pequena

Fernando Pessoa, o mágico das palavras

Você sabia que Fernando Pessoa, considerado por muitos o maior poeta da nossa língua portuguesa, era interessado em ocultismo, magia e espiritismo?

Talvez por isso ele soube como poucos envolver e encantar os leitores por meio das palavras e de suas muitas personalidades – os famosos heterônimos, que parecem espíritos que dominaram o corpo do poeta para escrever o que sentiam e para se comunicarem conosco, pobres mortais.

Pouco reconhecida em vida, sua poesia é hoje lida e relida em todo o mundo e reconhecida como uma das maiores obras-primas da literatura.

Nascido em Lisboa em 13 de junho de 1888, viveu na África durante muitos anos e estudou em uma escola irlandesa, onde aprendeu muito bem o inglês. Desde cedo, começou a criar personagens e incorporá-los, vivendo como se fosse eles: só mais tarde eles seriam chamados de heterônimos.

Tão "diferente" era desde a infância, que existe uma lenda segundo a qual ele teria feito um pacto com o diabo, só que, em vez de maldades, ele se comprometia a praticar o bem por toda a vida.

Na juventude e de volta a Portugal, ganhou a vida como correspondente comercial, graças aos seus conhecimentos da língua inglesa.

Assinando com nomes diferentes, escreveu poemas esotéricos, eróticos, existenciais, nacionalistas e satíricos, nos mais variados estilos. Tão profundas eram essas verdadeiras viagens psicológicas que chegou a enfrentar grandes crises, a ponto de internar-se em uma clínica psiquiátrica.

Foi um grande apaixonado pelo seu país e por sua língua e com seu enorme talento para conhecer o ser humano fez de cada linha que escreveu uma lição de vida, um guia básico de como enfrentar as pedras que o destino põe em nosso caminho. Ao ler Fernando Pessoa, parece que ele escreveu pensando em cada um de nós. Pensando em você.

Após enfrentar a ditadura portuguesa e sofrendo com o excesso de álcool, o grande poeta português faleceu no dia 30 de novembro de 1935, vitimado por complicações de uma cólica hepática.

Desde então, sua obra é cada vez mais lida em todo o mundo. Todos os dias.

Nota

Os versos incluídos nos dias 1 a 3 foram extraídos do *Poema em Linha Reta*, do heterônimo Álvaro de Campos. Dos dias 4 a 11, trechos extraídos do *Cancioneiro*. Nos dias 12, 13, 14, 16 e 17, versos de *O Guardador de Rebanhos*, de Alberto Caeiro. Os dias 15, 18 e 29 contêm trechos do poema *Se Eu Morrer Novo*, também de Caeiro. 19 e 20 são poemas do heterônimo Ricardo Reis. 21 – *O Andaime*. 22 – *O Que Me Dói Não É*. 23 e 26 – *Passagem das Horas*, de Álvaro de Campos. 24 e 25 – *Teus Olhos Entristecem*. 27 e 30 são versos retirados do poema *Tabacaria*, de Álvaro de Campos. 28 – *Todas as Cartas de Amor são Ridículas*, de Álvaro de Campos. E, por fim, o dia 31, que contém trechos do poema *Mar Português*, do livro *Mensagem*.

Título	*Dias Melhores... pra Sempre!*
Organizadores	Cyro Leão
	Jadyr Pavão Júnior
	Luiz Chinan
Projeto gráfico e capa	Thais Helena dos Santos
Produção	Negrito Produção Editorial
Formato	16,5 x 16 cm
Número de Páginas	72
Tipologia	New Baskerville e Jayne Print
Papel	Couché fosco 120 g/m²
Impressão	Lis Gráfica